우리 멍이 사춘기 일까요?

서울대학교동물병원 Health+5

우리 멍이 사춘기일까요?

반려견 심리탐구

초판 1쇄 발행 2019년 12월 20일

지은이 신남식·신윤주
펴낸이 오세정
편집 박희자
디자인 장혜원
인쇄 교학사

펴낸곳 서울대학교출판문화원
주소 08826 서울 관악구 관악로 1
도서주문 02-889-4424, 02-880-7995
홈페이지 www.snupress.com
페이스북 @snupress1947
인스타그램 @snupress
출판등록 제15-3호

ISBN 978-89-521-2931-4 14490
978-89-521-1973-5 (세트)

서울대학교
동물병원
Health+5

우리 멍이 사춘기 일까요?

신남식 · 신윤주 지음

반려견
심리탐구

서울대학교출판문화원

발간사

1인 가구의 급증 및 저출산·고령화 현상과 더불어 반려동물과 함께 사는 가정이 나날이 증가하고 있습니다. 한국보건사회연구원의 통계에 의하면, 한국의 경우 반려동물과 함께 사는 가구는 4가구 중 1가구에 달한다고 합니다. 반려동물과 함께 살아가는 인구가 천만이 넘는 시대가 된 것입니다.

반려동물이 우리 생활권 안에 깊숙이 들어온 만큼 이에 대한 정보 또한 넘쳐나도록 풍부해졌습니다. 그러나 그만큼 잘못된 정보들이 인터넷과 오프라인 공간을 무차별적으로 넘나들고 있는 실정입니다. 서울대학교동물병원 Health⁺ 시리즈는 이러한 상황에서 반려동물의 건강 및 질병, 올바른 관리법 등에 대한 표준화된 정보를 제공하고자 기획·발간되었습니다.

서울대학교동물병원 Health⁺ 시리즈는 무엇보다 정확한 근거를 둔 의학 정보를 제시하는 데 중점을 두었습니다. 이를 위해 서울대학교동물병원 교수진이 직접 전공 진료과별로 다양하게 검증된 의학 정보를 선별하여 수록하였습니다. 뿐만 아니라 다양한 사례와 사진, 그림 자료를 수록하여 자칫 딱딱

하고 어렵게 느껴질 수 있는 전문 지식을 최대한 쉽게 전달하려고 노력하였습니다. 각 권 말미의 Q&A에서는 반려동물과 함께하며 겪을 수 있는 문제들과 그 해법을 실었습니다.

반려동물의 행복은 반려동물과 함께 사는 사람의 행복과 깊은 관련이 있습니다. 서울대학교동물병원 Health⁺ 시리즈가 반려동물의 건강에 기여하고, 나아가 반려동물과 함께 살아가는 여러분의 행복에 보탬이 되기를 바랍니다.

끝으로 이 책이 출판되기까지 오랜 기간 동안 애써 주신 서울대학교동물병원 전임 원장님들과 집필 교수진, 그리고 서울대학교출판문화원 관계자 여러분께 감사의 말씀을 드립니다. 이 시리즈의 발간으로 '동물과 사람의 행복 나눔'이라는 서울대학교동물병원의 꿈에 한 발짝 더 나아갈 수 있게 되기를 기대합니다.

2017년 8월

서울대학교동물병원장

차례

01

강아지는 어떻게 성장해 가나요?

개의 성격 형성에는 유전적 요인 외에도 성장 과정에서의
다양한 경험들이 많은 영향을 끼친다.
경험이 심리 및 성격 특성에 미치는 영향을 이해하기 위해서는
강아지의 생리적 · 심리적 발달 과정 및 특성을 알아둘 필요가 있다.

개의 성장 과정은 크게 ① 신생아기, ② 전환기, ③, 사회화기, ④ 청년기, ⑤ 성년기, ⑥ 노년기로 나눌 수 있다. 이러한 성장 과정을 시기별로 분류해 알아두면 반려견의 심리 및 성격 특성을 보다 포괄적으로 이해할 수 있다.

신생아기

생존에 관련된 모든 것들을 전적으로 어미에게 의지하는 시기로, 보통 생후 15일 전후까지를 말한다. 이 시기의 강아지는 먹고, 자고, 싸기만 한다. 생후 5일 정도부터는 배로 기어다니고, 6~10일 정도가 되면 앞다리로 몸을 일으킬 수 있다. 늦어도 생후 15일 정도면 눈·귀가 열리고 조금씩 걷기 시작한다. 다른 포유동물들과 마찬가지로 포유반사(rooting reflex)를 통해 입에 닿는 것은 뭐든지 빨려고 하는 본능을 보인다. 배뇨·배변 활동은 어미가 엉덩이를 핥아주는 자극으로 인해 이루어진다. 스스로 체온을 조절하기 어려운 시기이므로 본능적으로 따뜻한 곳으로 파고드는 행동을 보인다. 따라서 보호자는 특별히 보온에 신경써야 한다.

연구에 따르면, 이 시기에 새끼에게 약한 자극을 주는 것은 신경 발달을 증가시키고, 털이 더 빨리 자라게 하며, 체중이 증가하는 정도를 높이고, 눈이 뜨는 시기를 빠르게 하며, 운동 발달을 증진시킨다고 한다. 스트레스를 주지 않을 정도의 부드러운 접촉('스킨십')은 학습 능력을 증진시키고 감정적 안정을 줄 수 있다고 알려져 있다. 또한 이러한 종류의 미약한 스트레스가 스트레스 관련 신경 및 호르몬 조절 기전에 영향을 주어, 이후 스트레스 상황에서 좀 더 잘 견딜 수 있도록 한다.

전환기

전환기는 사회화기 바로 직전의 짧은 단계로, 생후 20일 정도까지를 말한다. 눈과 귀가 떠지고, 조금씩 걷기 시작하며, 배변을 스스로 할 수 있게 되면서 독립성이 증가하는 시기다. 이 시기에 강아지는 다른 형제들과 상호작용하며 놀기 시작한다. 이 시기에 과하지 않은 정도의 다양한 바닥 표면(재질·온도 등), 다양한 형태와 움직임을 가진 물건들, 다양한 크기와 주파수를 가진 소음 등에 노출시키면 신체적·정신적 발달이 촉진될 수 있다고 알려져 있다.

사회화기

성견이 되었을 때 보이는 행동에 가장 큰 영향을 끼치는 시기로, 생후 3주에서 12주 정도까지를 말한다. 생후 28일 정도가 되면 정상적으로 앉거나 설 수 있게 되고, 4~6주 중에는 젖을 떼고 이유로 전환되며, 8~9주 정도면 스스로 자는 곳과 먹는 곳과 싸는 곳을 구별해 특정 장소를 정해 놓고 대소변을 가릴 수 있게 된다.

이 시기는 척수 발달과 수초 형성(myelination)에 밀접하게 연관되어 있어 새로운 자극을 받아들이기 용이한 때이므로 매우 중요하다. 이 시기에 강아지는 다양한 자극을 보다 용이하게 받아들이고 사회적 행동을 빠르게 습득하게 된다. 어미, 형제, 환경(특히 사람 가족)과의 상호작용을 통해 사회적 신호 체계가 빠르게 발달한다.

사회화기에 겪는 경험과 다양한 관계들은 강아지의 이후 생애에서 사회적·상황적 반응의 대부분을 결정한다. 즉 사회화기는 강아지의 '상황 및 환경에 대한 적응력'을 결정하는 시기라고 할 수 있다. '사회성'이 발달하는 시기인 것이다.

또한 사회화기는 생리학적인 스트레스에 대한 감수성이 높아지는 시기이기도 하다. 8주부터는 공포에 대한 반응을 보이기 시작하는데, 이는 12주 정도가 되면 대부분 감소

한다. 그러나 이 시기에 사회화가 제대로 이루어지지 않은 경우, 새로운 환경과 사람에 대한 공포심이 점점 증가하여 이후 작은 소리나 갑작스러운 움직임 등에 민감하게 반응하게 될 가능성이 높아진다.

강아지는 이 시기에 다양한 환경·사람·동물 등과 접하면서 궁극적으로 사람 사회에서 어떻게 사랑받으며 살 수 있을지를 배운다. 이 점에서 사회화기는 강아지와 사람 모두에게 매우 중요한 시기라고 할 수 있다.

산책을 언제 시작해야 하나?

이 질문은 사회화기의 중요성을 언급하면 항상 따라오는 질문으로, 수의사들 사이에서도 의견이 엇갈린다. 기본적으로 중요한 예방접종이 완료될 때까지는 강아지의 건강을 보장할 수 없기 때문이다. 최근에는 개 인플루엔자를 6차로 접종하는 경우가 많고, 따라서 예방접종이 완료되는 시기는 늦으면 생후 6개월 전후가 된다.

그런데 건강을 위해 사회화기를 실내에서만 보낸 강아지는 사실상 사회화가 실내에서만 이루어진 셈이 된다. 예방접종이 완료된 이후 산책을 시작하는 강아지는 지나가는 사람(특히 개의 눈높이에서 일상적이지 않은 과장된 움직임을 보

이는 어린아이들), 오토바이나 차 등 큰 소리로 빠르게 움직이는 사물들, 산책 중 마주치게 되는 다른 개 등에 대해 긍정적으로 접근할 수 있는 기회를 갖지 못한 것이다. 다른 사람이나 개를 향해 짖고 달려들거나, 줄을 끌고 산만하게 돌아다니거나, 오토바이나 차 등에 놀라는 등 산책 중 문제를 일으키는 경우 대부분이 이로부터 발생하게 된다.

물론 개는 사람과 마찬가지로 평생에 걸쳐서 교육이 가능하고, 생의 매 시기에 새로운 것을 얼마든지 배울 수 있다. 따라서 이 모든 사항을 고려하여 보호자가 산책 시기를 선택하면 된다. 사회화기의 중요성에 대해 인지하고 있는 보호자라면, 강아지를 안고 잠깐 외출을 하는 방식으로도 외부 자극에 대한 적응 기회를 제공해 줄 수 있을 것이다.

청년기

사회화기 후부터 성(性) 성숙이 이루어질 때까지의 시기로, 보통은 생후 6~9개월 정도까지를 말한다. 이 시기에 신체적·정신적 성숙이 급속도로 일어나며 활동성이 증가한다.

청년기의 강아지는 털을 갈면서 어린 강아지와 성견 사

이의 과도기적 외형을 보이며, 덩치가 커지고 장난 및 사고의 규모가 점점 커진다.

이 시기의 강아지는 입으로 세상을 파악하는 경우가 많은데, 이갈이를 하게 되면서 물건들을 물고 뜯는 행동을 보인다. 대체로 벽지, 장판, 가구, 안경, 전선, 충전기, 휴대폰 등이 그것이다. 이에 따라 이 시기의 강아지들은 종종 학대나 파양, 심하게는 유기와 같은 불행한 상황을 맞이하기도 한다.

성년기

보통 성 성숙 이후의 강아지는 성견으로 간주한다. 성 성숙 시기는 늦어도 1년 전후로 판단하며, 많은 사료 회사들이 이 시기를 기준으로 성견용 제품을 출시하고 있다. 그러나 대형견은 생후 2~3년 이상까지 성장이 지속되는 경우가 있고, 행동적으로도 1~2년령을 지나면서 어느 정도 활동성이 감소하는 추세를 보이므로 2년 이후를 성견으로 보는 경우도 있다.

어린 시기에 배우고 경험했던 것, 그리고 기존 성향 등을 바탕으로 성격이 형성되는데, 이러한 성격은 거의 평생 지속된다. 물론 성견 이후에 겪은 것과 배운 것 역시 행동이나 성격에 영향을 미치므로 평생에 걸쳐 꾸준한 교육이 필요하다.

노년기

보통 7년령 전후를 노령견으로 간주한다. 이 시기에는 신체적·정신적 퇴행이 서서히 진행된다. 신체적으로 다양한 노령성 질병에 시달리게 되며, 정신적으로도 사람과 마찬가지로 치매가 발생할 수 있다. 신체 질병을 적절하게 치료·관리해 주는 것과 동시에 꾸준한 교육과 다양한 놀이, 충분한 산책과 휴식, 균형 잡힌 식단 등을 통해 건강을 전반적으로 케어해 주는 것이 퇴행의 진행을 늦추는 데 매우 중요하다.

02

우리 멍이가 이상해졌어요. 사춘기일까요?

사람에서와 같이 개도 사춘기에 육체적 성 성숙이 이루어지며
활동성이 급격히 증가한다.
말썽을 부리고 사고를 치는 빈도 역시 급격히 늘어나므로,
이 시기를 큰 탈 없이 지낼 수 있도록 보호자가 각별히 신경 써야 한다.

강아지의 사춘기

사춘기란 육체적으로 특히 성숙해지는 시기를 말한다. 개의 경우 수컷은 생후 약 6개월, 암컷은 생후 약 7개월 전후로 성 성숙이 일어나는데, 이 시기가 사춘기라 할 수 있다.

사춘기와 맞물려 이갈이도 시작된다. 이갈이는 4개월 전후로 본격적으로 시작되어 성 성숙 전후, 늦으면 1년 내에 완료된다. 이 시기를 지나며 강아지는 활동성이 증가하고 호기심과 자립심이 두드러지게 높아진다. 새로운 것들을 습득하고 탐구하려 하는 경향이 매우 강해지기 때문이다. 따라서 주위 물건을 무분별하게 물어뜯거나, 쓰레기통을 뒤지거나, 잘 해오던 배변 등 기본적인 생활습관이 어그러지거나, 심하게 짖는 등의 행동을 보이기도 한다.

사춘기 강아지의 특징적인 행동

물어뜯기

사춘기에 보호자를 가장 괴롭히는 행동이 물어뜯기다. 물어뜯기는 강아지들이 세상을 탐구하는 방식이자 놀이 행동의 일종이다. 또한 사춘기는 유치에서 영구치로 이갈이를 하는 시기이므로, 물어뜯는 것으로 이갈이를 촉진하고 잇몸의 이질적인 촉감이나 간지러움을 해소하려 할 수 있다. 이는 성견이 되면서 자연스럽게 줄어드는 게 보통이지만, 마냥 방치할 수는 없다. 무엇보다 생활에 불편을 줄 수 있으며, 보호자 가족과 관련된 심각한 사고를 일으킬 수도 있기 때문이다. 사춘기 강아지들이 가장 흔히 물어뜯는 것이 사람의 손이나 발이다. 촉감이 강아지들이 물기 좋은 데다가, 끊임없이 그리고 살아있는 사냥감처럼 불규칙적으로 움직이기 때문에

강아지에게는 매우 흥미로운 장난감으로 여겨질 수 있다.

이와 같이 물어뜯는 강아지에 대한 관리법으로는 다음과 같은 것들을 들 수 있다.

첫째로, **물어뜯어도 되는 것과 물어뜯으면 안 되는 것을 분명히 구별해 준다.** 사람의 손이나 발은 물어뜯으면 안 되는 것의 대표적인 예다. 손이나 발을 이용해 강아지와 놀아주지 않아야 하고, 강아지가 손이나 발을 물었을 경우 큰 소리를 낸다거나 그 자리를 즉시 떠나거나 밀치는 등, 물어뜯어서는 안 된다고 강하고 분명하게 신호해 주어야 한다. 반대로 물어뜯고 싶은 욕구를 적절히 해소해 줄 필요도 있다. 물어뜯어도 되는 물건이나 장난감, 간식 등을 풍부하게 주어 강아지의 관심을 적절한 방향으로 돌려 준다.

둘째로, **무는 강도를 조절해 준다.** 대부분의 강아지는 사회화기에 부모형제들과 놀면서 자연스럽게 무는 강도를 조절하는 법을 배우게 된다. 그러나 사회화기를 가족과 충분히 보내지 못했을 경우 보호자가 직접 무는 강도의 한계를 가르쳐 주어야 한다. 이때 주의해야 할 것은, 강아지는 보호자가 거절하는 음성("안 돼", "하지 마" 등)을 통해서는 거의 아무것도 배우지 못한다는 점이다. 밀치거나 놀이를 멈추고 자리를 떠나는 등, 직접적으로 보여지는 행동으로 거절을 표현하는 것이 강아지에게는 보다 효과적이다.

쓰레기통 뒤지기

강아지에게 쓰레기통은 후각적·미각적·촉각적 자극을 제공할 수 있는 최고의 놀잇감으로 여겨진다. 따라서 쓰레기통을 뒤지지 않는 개는 성견이 되어서도 거의 없다고 해도 무방하다. 보호자가 할 수 있는 일은 강아지가 어지럽힐 수 있는 물건은 애초에 닿지 않는 곳으로 옮기고, 쓰레기통을 대체할 수 있는 흥미로운 장난감들을 강아지의 욕구와 호기심이 해소될 수 있을 만큼 제공해 주는 것이다.

어그러지는 배변 습관

배변을 평생 완벽하게 가리는 개는 없다는 보호자의 이해와 기다림이 우선적으로 필요하다. 강아지들은 다양한 요인에 의해 다른 곳에 배변을 할 수 있다. 입원이나 이사 등으로 인한 스트레스로는 물론, 사소하게는 배변 패드의 재질이 바뀌었다는 것만으로도 배변을 가리지 못할 수 있다. 수컷의 경우 성 성숙기를 지나면서 마킹을 할 수도 있다. 따라서 배변 습관이 어그러졌을 경우, 처음부터 배변 교육을 시킨다는 마음가짐으로 인내심을 가지고 강아지를 대해야 한다.

과도한 짖기

개가 짖는 이유는 다양하다. 어떤 행동이든지 그 행동을 하지 못하게 하는 최고의 방법은 그 행동으로 인한 보상을 제거하고 그 행동에 대한 대체 행동을 가르쳐 주는 것이다.

외부인이 방문했을 때 짖는 것은 개의 자연스러운 행동이지만, 과도할 경우 개가 그 상황에서 짖는 것 대신 다른 행동을 하도록 보상을 통해 유도("앉아", "기다려" 등)할 수 있다. 또한 '짖음 방지기' 등의 도구를 적절하게 사용하는 것도 방법일 수 있다. 최근에는 전기 충격 같은 과도한 자극

대신 진동이나 초음파 등으로 작동하는 다양한 종류의 짖음 방지기가 시중에 나와 있다. 전문가와의 상담 후 적합한 물건을 선택하여 이용할 수 있다.

그러나 짖음 방지기는 효과가 없을 수도 있는데, 이는 기계가 짖는 행동 외에 다른 행동들에서 작동하거나, 혹은 짖는 행동에 바로 작동하지 않거나 하는 등의 오작동으로 인해 개가 짖음과 짖음 방지기로 인한 체벌을 연결시키기 어려울 수 있기 때문이다. 또한 짖음 방지기의 강도가 체벌로 느껴지지 않을 정도로 미약하거나, 습관화로 인해 개가 이 강도를 체벌로 인식하지 못할 경우, 개는 짖음 방지기의 작동을 짖음에 대한 체벌로 연결시키지 못하게 되고, 이에 따라 짖음 방지기가 효과가 없는 경우가 있을 수 있다. 또 강한 자극으로 인한 부상이나 트라우마를 형성하는 등의 문제가 있을 수 있으며, 최근 동물복지 차원에서도 짖음 방지기는 그다지 추천되지 않는 추세이다.

산책의 중요성

앞서 살펴본 것처럼 사춘기에는 활동성이 증가하며, 따라서 실내활동만으로는 이 늘어난 활동성을 감당하기 어려울 수 있다. 이를 해소하는 데는 충분한 산책이 필수적이다. 산책을 통해 체력과 에너지를 소모할 수 있을 뿐 아니라, 다양한 사람, 동물, 상황에 대한 긴장이나 공포를 줄이고 긍정적인 인식을 심어줄 수 있다. 예방접종이 끝나기

전 사회화기부터 산책을 시작해야 한다는 견해도 있을 정도로, 산책은 어릴 때부터 익숙하게 하는 것이 좋다. 사춘기에 접어들기 전부터 산책에 익숙해지도록 해주자.

철든 성견이 되기까지

사춘기를 지나는 강아지들은 어린 시절의 작고 귀여운 모습이 사라지고, 행동이 산만해지며, 정돈되지 않은 모습을 보인다. 이 때문에 사춘기에 파양이 아주 많이 이루어지기도 한다. 특히 사냥, 가축 몰이, 썰매 끌기 등 사역을 위해 개량된 품종들은 보다 다양한 방법으로 에너지를 해소하려 하기 때문에 파양의 비율이 더 높을 수 있다.

하지만 사춘기를 잘 보낸 강아지는 에너지와 활동성이 차차 줄어들어 최대 3년 내에 '철이 들었다', '얌전해졌다'고 느껴질 정도로 성숙한다. 또 사춘기를 겪으며 보호자와 강아지 사이에 새로운 의사소통 방식이 형성되기도 하여, 이 때문에 강아지가 보호자의 말을 잘 듣는 것처럼 여겨진다. 조금 힘들더라도 인내심을 가지고 사춘기를 잘 지나갈 수 있게 관리해 준다면 '철든 성견'을 금세 맞이할 수 있다.

발정기와
중성화 수술

Doctor's Memo

개의 경우 수컷은 생후 약 6개월, 암컷은 생후 약 7개월 전후로 성 성숙이 일어나며, 이 시기에 번식할 수 있는 상태가 된다. 그러나 번식과 관련해 마킹(한쪽 뒷다리를 들고 소변을 보는 행동)이나 마운팅(교미를 위해 상대에 올라타거나 상대를 붙잡는 행동)이 증가하거나, 발정으로 인해 과도한 흥분 혹은 긴장 상태가 유지되는 등 다양한 질병과 행동 문제, 스트레스가 발생할 수 있다. 이러한 문제들을 방지하고 싶다면 중성화 수술을 하는 편이 좋다. 특히 질병 문제와 관련해, 중성화 수술을 하지 않은 노령견에서 생식기 관련 종양이나 자궁축농증 등 위험한 질병들에 노출되는 가능성이 증가하며, 심각할 경우 사망하는 경우도 발생하므로, 이러한 질병들의 예방을 위해서라도 어린 시기의 중성화 수술이 추천된다.

수컷의 경우 마킹이나 마운팅 등을 방지하기 위해 성 성숙 이전에 중성화 수술을 하는 것이 일반적이다. 그런데 요도가 완전히 성숙되기 전에 중성화 수술을 할 경우 결석 등 요로계 질병의 발생이 증가한다는 연구가 있다. 이에 따라 최근에는 가급적 성 성숙이 완료된 후 중성화 수술을 하는 것이 추천되고 있는 추세다. 암컷 역시 첫 발정 전에 중성화 수술을 하는 것이 이후 자궁축농증이나 유선종양을 예방할 수 있다고 알려져 있지만, 최근에는 성 성숙이 완전히 이루어진 이후에 하는 것이 보다 안전하다는 인식이 확산되고 있어 첫 발정 후 중성화 수술을 하는 것이 권장되기도 한다.

03

멍이의 이런 행동, '문제행동'인가요?

'보호자가 원하지 않는 행동'과 '명백한 문제행동'은 다르다.
이 둘을 구분하는 것이 반려견의 건강,
나아가 반려견과 보호자의 좋은 관계의 첫걸음이 될 수 있다.

모든 행동에는 이유가 있다

행동의 변화는 대부분 신체적인 문제가 있을 경우 발생한다. 신체 부위를 만졌을 때 공격적인 태도를 보일 경우, 일차적으로는 그 부위에 문제가 있을 가능성을 고려해야 한다.

하지만 별다른 신체적인 문제가 없다면 심리적인 문제를 고려해 보아야 한다. 평소 행동 패턴을 잘 파악해 두고, 특이한 행동을 보이지는 않는지 늘 세심히 관찰할 필요가 있다. 모든 행동에는 이유가 있다.

문제행동 vs. 보호자가 원하지 않는 행동

'문제행동'과 '보호자가 원하지 않는 행동'을 정확히 구분하는 것은 문제를 해결하는 첫걸음이다. 자기 집이나 이불을 발로 긁고 파는 반려견이 있다고 하자. 그 모습이 거슬린다는 이유로 보호자는 그 행동을 문제행동이라 파악하고 교정을 시도할 수 있다. 그러나 반려견의 그 행동은 굴을 파서 집을 만들고 새끼를 키워 온 조상으로부터 전해진 정상행동일 수 있다.

집에 낯선 사람이 왔을 때 짖어대는 행동도 생각해 보자. 이웃 간 마찰을 불러일으킬 우려가 있다는 이유로 보호자는 그 행동을 문제행동이라 파악할 수 있다. 그러나 그 행동 또한 자기 영역을 지키려는 본능적이고 정상적인 행동일 수 있다.

개의 자연스러운 행동을 문제행동으로 판단하여 대체 행동을 제시하지 않은 채 그 행동을 하지 못하게 억압할 경우, 개는 정상행동을 할 수 없게 되므로 과도한 스트레스를 받을 가능성이 커진다.

문제행동의 의미와 판단 기준

문제행동과 보호자가 원하지 않는 행동을 무 자르듯 구분하기는 어렵다. 그러나 앞에서 제시한 행동들이 상당히 집착적으로 이어지고 지나치게 반복적으로 나타난다면 얘기는 달라진다. 예컨대 특정인이나 상황에 접근하는 일에 지나치게 공포를 느껴 '짖는 것'으로 문제를 해결하려 하거나 강박적이고 집착적으로 짖는 행동을 계속한다면, 그것은 심리적·정신적 문제를 수반한 '문제행동'이라 봐야 할 것이다.

보호자가 문제행동과 단순히 자신이 원하지 않는 행동을 정확히 구분하여 판단하는 것은, 개의 습성을 아주 잘 이해하지 못하고 있다면 상당히 어려운 일이다. 따라서 전문가와의 상담을 통해 특정 행동의 교정 여부를 판단하는 것이 가장 바람직하다.

기본 예절 교육이 필요할까?

Doctor's Memo

사람과의 긍정적인 교류를 통해 좋은 행동을 배울 수 있다는 점에서 기본 예절 교육은 반려견에게 매우 중요하다. 예컨대 '앉아', '기다려' 등의 교육은 좋은 행동을 하면 보상을 받는다는 기본 개념을 가르치기에 적절하다. 또 이런 교육을 통해 다른 행동들도 통제할 수 있게 된다. 이름을 불렀을 때 오는 행동(콜링)을 배우게 하는 것이 좋은 예다. 콜링은 개들에게 상당히 어려운 과제다. 다양한 흥밋거리들을 제쳐놓고 보호자에게 가야 하기 때문이다. 그러나 이러한 행동을 했을 때 보상이 보다 크다는 사실을 배우면, 반려견이 줄을 풀고 도로로 뛰어들거나 고양이를 쫓아 달아나는 등의 위험한 상황이 발생했을 때 보호자가 콜링을 통해 그 행동을 통제할 수 있게 된다.

예절 교육은 보호자가 원하지 않는 행동을 적절히 통제하는 데도 도움이 된다. 손님이 왔을 때 지나치게 흥분하는 반려견의 예를 들어 보자. 이 반려견에게 예절 교육을 시킴으로써 흥분하는 행동보다 대체 행동(얌전히 앉아 있는 행동 등)이 더 좋은 것이라는 사실을 깨닫게 할 수 있다. 이 교육이 성공적으로 이루어지면 보호자는 반려견의 흥분을 대체 행동을 통해 적절히 통제할 수 있게 된다.

한편 긍정적인 보상을 기반으로 하지 않고 단순히 복종만을 위한 교육은 개에게 과도한 스트레스를 유발할 수 있을 뿐만 아니라, 그 상황을 회피하기 위해 보이는 공격성 등 또 다른 문제행동을 유발할 소지가 있기 때문에 주의가 필요하다.

04

혼자 두면 이상해지는 멍이, 분리불안인가요?

분리불안은 '혼자 있는 상태'를 못 견디는 증상을 말한다.
그러나 같이 있어주는 것만으로 모든 문제가 해결되지는 않는다.
근본적인 해결을 위해서는 혼자 있는 시간을
긍정적으로 보낼 수 있도록 도와줘야 한다.

분리불안이란?

보호자가 부재중이거나 혹은 접근 가능하지 않을 때 심한 불안을 느껴 다양한 행동 문제를 보이는 것을 분리불안이라고 한다. 이 분리불안은 보호자와 반려견 양쪽 모두에게 심한 스트레스를 유발한다. 심할 경우 반려견 파양, 유기, 학대를 야기하기도 한다.

분리불안 증상

주로 과도한 발성(짖음, 하울링, 끙끙거리기 등), 파괴적 행동(물건 상하게 하기, 자해 행동 등), 배변 문제 등을 보인다. 또한 일상의 단조로움이나 다양한 갈등 상태를 이겨내지 못해 자기 꼬리를 쫓는다거나 특별한 목적 없이 반복적인 행동을 하기도 한다. 이러한 행동들을 통해 보호자의 부재로 인한 불안을 해소하려는 것이다. 반대로 활동성이 감소하여 우울 증상을 보이거나 식욕 부진, 침 흘림, 구토, 설사 등의 소화기 계통 문제를 보이기도 한다.

절대적이지는 않지만 일반적으로 분리불안을 보이는 반려견은 가족 구성원에 대해서 과도한 애착을 보이며, 아주 짧은 시간이라 하더라도 그 구성원이 없거나 접근 가능하지 않을 경우 불안으로 인한 행동 문제를 보인다. 또 외출하고 돌아온 가족을 과도하게 반기는 행동을 보이는 경우가 많다.

분리불안의 원인

성별, 종, 연령은 분리불안에 유의한 영향을 미치지 않는 것으로 알려져 있다. 노령성 변화 혹은 인지장애 등이 원인이 되어 발생하는 경우도 있다.

보호자와 관련해서는, 보호자가 반려견의 특정 욕구(놀이, 휴식 등에 대한 욕구)를 적절하게 충족시켜 주지 못했을 경우 분리불안이 발생할 수 있다는 보고가 있다. 보호자의 생활패턴이 변하거나 이사 및 반려동물 추가 입양 등으로 생활환경이 바뀔 경우, 새로운 장소에 방문해서 한정된 공간에 갇혀 있을 경우에도 나타날 수 있다.

분리불안의 치료

분리불안 문제를 성공적으로 해결하기 위해 다양한 방법들이 모색되어 왔다. 여기서는 크게 두 가지 방법으로 나누어 소개한다.

일상적 관리

보호자들이 일상적으로 할 수 있는 손쉬운 방법으로 상호작용 장난감(interactive toy) 혹은 씹을 수 있는 장난감을 개와 분리될 때 충분하게 제공해 주는 방법과, 혼내지 않고 산책 시간을 충분히 증가시켜 주는 등의 방법이 있다.

또한 짧은 시간 반복하여 자리를 비웠다 돌아오며 간식이나 상호작용 장난감으로 비는 시간을 채워 주는 방법이나, 보호자가 집을 비우는 순간을 예측하지 못하도록 외출 준비 순서를 뒤섞어 혼란스럽게 하는 등의 행동 교육을 통해 관리하는 방법도 있다. 이러한 방법들은 오랜 기간 꾸준히 해야 하기 때문에 많은 시간과 노력이 필요하다.

집을 비울 때 장난감 몇 개를 던져주고 왜 분리불안이 해결되지 않느냐고 불만을 호소하는 보호자들도 많으며, 결국 관리를 포기하고 다른 대안(파양, 유기, 안락사 등)을 고려하는 경우도 있다. 하지만 분리불안 해결을 위해서는 위 방법들을 꾸준히 실천해야 한다. 경우에 따라 약물 치료도 필요할 수 있는데, 이럴 경우에도 위 방법들이 꾸준히 병행되어야 한다.

몇몇 연구에 따르면, 분리불안은 완전하게 치유되는 데 몇 년 이상의 시간이 걸릴 수도 있다. 즉 분리불안은 보호자의 인내와 꾸준한 관리를 요하는 행동 문제로, 보호자가 조바심을 내지 않는 것이 무엇보다 중요하다.

불안을 가라앉히는 행동 교육

떨어져 있는 시간 늘려나가기

보호자와 떨어져 있는 시간을 1초 간격으로 늘려나가며 그에 따라 보상을 해주는 행동 교육이 불안을 가라앉히는 데 도움이 된다. 분리불안이 심한 반려견의 경우 단 1초라도 매우 긴 시간으로 느끼므로, 매일 초 단위로 분리되는 시간을 늘려가며 꾸준히 연습시키는 것이 필요하다.

보호자 생활습관에 변화 주기

분리불안이 있는 반려견들은 보호자가 떠나기 전에 하는 행동들의 순서를 예리하게 간파하는 경향이 있다. 보호자가 씻고 옷을 입고 가방을 들고 나가는 일정한 생활습관이 있다면, 분리불안을 가진 개들은 옷을 입고 가방을 드는 것만 봐도 보호자가 곧 집을 비울 것이라 예측하게 된다. 이에 따라 보호자가 실제로 자리를 비우지 않았는데도 불안을 차츰차츰 키워가며, 보호자가 집을 떠나는 시점에는 이 불안을 폭발시키며 문제 행동을 발생시키게 된다.

보호자가 가지고 있는 일정한 생활습관에 변화를 주면 반려견이 이전처럼 불안을 차츰차츰 키워가기가 어려워진다. 보호자가 곧 떠날 거라는 예측에 혼란이 오기 때문이다. 이는 개가 불안을 형성하는 데 걸림돌로 작용하여 불안의 최대치를 일부 낮추는 효과가 있다.

크레이트 교육

보호자가 없어도 안전하다는 느낌을 받으면 불안이 가라앉는다. 반려견으로 하여금 자기가 안전한 장소에서 시간을 보낸다고 인식하게 하는 '크레이트 교육'이 필요한 이유다.

보호자가 있든 없든 크레이트가 가장 안전한 장소라는 점을 인식시키기 위해, 크레이트를 안전지대로 지정해 주고 반려견이 크레이트에 머무를 때마다 보상을 반복한다. 보통 지붕이 있는 넉넉한 사이즈의 크레이트를 선택하는데, 이동이나 격리 등을 할 때 유리하기 때문이다.

크레이트 교육은 또한 화장실 교육이나 대중교통 이용하기 등 다른 기본 교육 등에 응용하기에도 유리한 점이 있다.

장난감 활용하기

최근 시중에는 반려동물을 위한 상호작용 장난감이 다양하게 출시되어 있다. 속이 빈 고무 장난감에 간식을 넣어 반려견이 자연스럽게 물어뜯고 놀 수 있게 하는 등, 장난감을 조작하여 간식을 얻는 놀이를 통해 불안을 감소시킬 수 있다. 이러한 상호작용 장난감은 보호자가 없는 시간을 반려견이 지루하게 느끼지 않도록 해준다. 지루함은 모든 동물들에 대해 행동 문제를 유발하는 가장 중요한 요인 중 하나라는 점에서, 이러한 장난감들을 충분히 활용하는 것이 큰 도움이 된다. 또한 긍정적으로 에너지를 발산하고 생각을 하도록 유도하여 두뇌를 자극하는 효과도 있다.

산책시키기

에너지를 소모할 기회가 없을 경우, 반려견은 보호자가 없을 때보다 더 많은 불안을 느끼며 이러한 욕구를 부적절한 행동으로 발산하려고 하는 경향을 보인다. 따라서 충분한 산책은 필수적이다. 충분한 산책이나 놀이 활동을 통해 에너지를 소모할 수 있는 경우 반려견은 보호자가 없는 시간 동안 휴식을 취할 수 있게 된다. 산책은 분리불안뿐만 아니라 그 외 행동 문제 해결에도 많은 도움을 준다.

Doctor's Memo

혼자 있는 시간을 긍정적으로!

보호자 없이 혼자 있는 시간을 긍정적으로 보낼 수 있도록 연습시키는 것이 분리불안 예방에 가장 핵심적이다.

개들이 분리불안을 보이는 것은 보호자와 분리된 상황을 부정적으로 인식하여 적절하게 그 시간을 소화하지 못하기 때문이다. 따라서 보호자가 24시간 개와 함께 있는 것은 개가 혼자 있는 시간을 어떻게 보내야 할지 배울 수 있는 기회조차 박탈하는 것이므로 권장하지 않는다.

보호자가 집을 비우는 시간을 늘려가면서 그 시간을 개가 어떻게 소비할지 자연스럽게 가르쳐 주는 방법이 추천된다. 시중에 나와 있는 다양한 상호작용 장난감들을 최대한 다양하게 이용하여 보호자가 없는 시간을 즐겁게 보낼 수 있는 도구로 인식시켜 주는 방법도 좋다. 보호자가 집을 비울 때'만' 가지고 놀 수 있는 장난감들 속에 최고로 좋은 간식들이 채워져 있고, 한참 놀고 난 후 편하게 쉴 수 있는 잠자리가 마련되어 있다면, 개가 혼자 있다고 해서 불안을 느낄 여지가 없을 것이다.

또한 충분한 산책을 통해 하루 종일 집에 혼자 있음으로써 상승한 욕구, 불안이나 스트레스 등의 부정적인 문제들을 해소해 준다. 이러한 산책은 동시에 신체적·정신적 피로를 유발하여 이후 반려견이 보다 편하게 휴식을 할 수 있게 하는 긍정적인 효과를 가져온다.

05

멍이도 우울증을 앓나요?

엄밀히 말해 개에 대해 '우울증'이라는 명칭은 사용하지 않는 편이다.
그러나 개도 사람처럼 우울 증상을 보이는 경우가 있으며,
이러한 우울 증상에는 당연히 교정이나 치료가 필요하다.

사람의 경우와는 달리 개에 대해서는 우울증이 단독 질병으로 지칭된다기보다는 다른 문제들에 따른 증상 혹은 상태로 여겨지는 경우가 많다. 하지만 개도 우울 증상을 보이는 경우가 있다.

개의 우울증

우울 증상을 겪는 개는 흔히 활동성이 눈에 띄게 감소하여 무기력한 모습을 보인다. 여기에는 식욕 문제도 동반되는데, 식욕 감퇴가 일반적이지만 식욕이 증가하는 경우도 종종 있다.

특별한 질환이 없다는 전제하에 잠이 늘거나 탐색하는 행동이 줄어들고, 간식 등 흥미 있어 하던 환경에 무관심해지는 경우가 많다. 자발적인 운동도 감소한다.

우울증의 원인

신체적 원인

모든 문제는 일차적으로 신체적 이상에서 원인을 찾아야 한다. 우울증의 증상인 무기력과 식욕 문제는 신체적 질병 때문에 나타나는 경우가 보다 흔하다. 호르몬성 질병이 기력을 저하시키는 경우들도 있다. 갑상선 기능에 변화가 생기는 질병을 앓는 경우 우울증처럼 보이는 행동 변화가 나타날 수 있다. 또한 노령성으로 치매 같은 인지장애에 우울증이 동반되는 경우도 있다.

신체 외적 원인

신체검사를 통해 신체에 문제가 없음이 증명되고 우울증의 원인이 될 만한 사안이 확실할 경우 우울증으로 판단할 수 있다.

원인이 될 만한 사안의 예로는 가족 구성원이 갑작스럽게 새로 생기거나(결혼, 출산, 유학을 마치고 돌아오는 경우 등), 없어지거나(유기나 파양, 가족의 사망, 유학 등으로 인한 부재 등), 그 구성에 변화가 생길 경우(재입양 등) 등이 있다. 개는 무리 생활을 하는 동물이므로 그 변화를 예민하게 인식하여 불안을 느낄 수 있고, 우울증처럼 보이는 다양한 행동 변화

를 보일 수 있다. 비슷한 맥락에서 가족 구성원이나 동거 동물이 입원/사망 등으로 사라졌을 경우, 또 자신이 임신/출산을 했거나 상상임신인 경우 증상이 관찰되기도 한다. 특히 상상임신으로 인한 우울 증상은 중성화하지 않은 암컷에게 매우 흔하다.

강아지들을 케어하는 모견들에게도 드물게 우울 증상이 나타나곤 하는데(흔하게는 우울 증상 대신 예민해지고 공격성을 보인다), 새끼들이 정상적으로 독립하고 나서는 대부분 사라진다.

우울증의 치료 및 예방

치료법으로는 기본적으로 약물 치료와 함께 아로마, 허브 등을 활용한 다양한 대체 요법들이 있다. 수의사와의 상담을 통해 적절한 방법을 선택할 수 있다.

환경의 변화로 인한 증상의 경우, 대부분은 시간이 지나면서 차차 새로운 환경에 적응하며 개선된다. 하지만 그렇지 않을 경우도 있는데, 이때는 약물 치료를 고려해 볼 수 있다. 상상임신으로 인한 우울증 등 호르몬성 원인이 있는 경우에는 중성화 수술을 고려한다.

예방법은 사람의 경우와 비슷하다. 규칙적인 생활과 잘 짜인 식단을 유지하고, 적당한 산책과 다양한 흥밋거리 개발을 통해 반려견을 항상 활력 있는 상태로 유지시키는 것이 최선의 방법이다.

산후우울증 증상과 극복 방법

드물기는 하지만 개도 산후에 '산후우울증'으로 볼 수 있을 만한 증상이 나타난다. 물론 '우울증'과 마찬가지로 개에 대해 정확한 명칭은 아니다.

산후우울증 증상으로는 이유 없이 불안해하고 신경이 날카로워지는 경우, 잘 자지 않는 경우, 잘 먹지 않는 경우, 어두컴컴한 곳에 숨어 있는 경우, 새끼에게 지나치게 집착하거나 반대로 무관심한 경우 등이 있다. 심한 경우에는 새끼를 물어 죽이기도 한다. 이런 사고를 막기 위해서라도 출산 후 안정을 찾는 데 보호자가 많은 노력을 기울여야 한다.

산후우울증을 극복하는 방법은 다른 행동 문제 극복법과 크게 다르지 않다. 규칙적이고 안정적인 생활패턴을 갖고, 균형 있는 식단을 유지하며, 산책 등의 신체활동으로 신체 에너지를 적절히 해소해 주는 것이 중요하다. 또한 되도록 스트레스를 받지 않게 주위 환경을 잘 정돈해 줄 필요가 있다.

물론 문제를 원천적으로 차단하는 방법도 있다. 대부분의 경우 발정과 임신 과정은 암컷 개들에게 큰 스트레스를 준다. 그러므로 새끼 계획이 없는 일반 반려견은 중성화 수술을 해주는 것이 가장 바람직하다.

06

꼬리를 잡으려고 빙글빙글 돌아요. 강박장애일까요?

강박장애의 원인에는 신체적 요인과 환경적 요인이 있다.
신체적 요인에 대해서는 보호자가 직접 할 수 있는 일이 많지 않지만,
환경적 요인에 대해서는 교육 및 행동교정 등을 통해 직접 개선을 유도해낼 수 있다.

강박장애란?

발이나 꼬리 등 자기 몸의 특정 부위를 핥거나 씹는 행동, 특정 부위를 반복적으로 움직이는 행동(혀를 날름거리거나 입맛을 다시는 행동, 고개를 까딱거리는 행동 등), 아무것도 없는 공간 혹은 그림자 등에 반응하여 짖거나 잡으려고 하는 행동, 일정한 보폭과 코스로 무의미하게 왔다갔다 하거나 제자리에서 빙글빙글 쫓는 행동 등이 상시 나타날 때 강박장애로 판단한다.

강박장애의 경우 이러한 행동들은 보통 끊임없이 나타나며, 보호자의 일상생활을 침해할 정도로 지속된다. 보호자가 갑자기 놀라게 하거나 잡아서 멈추게 하려고 해도 그

치지 못하는 것이 대부분이다.

강박장애의 원인

신체적 원인

강박장애는 일차적으로는 뇌를 포함한 신경계의 이상 혹은 다른 신체적인 문제가 원인이다. 특히 개에서는 뇌를 포함한 신경계 이상으로 인한 경우가 많으므로, 강박장애 증상을 보일 경우 반드시 정밀한 신체검사가 이루어져야 한다. 소형견에서는 수두증, 뇌의 염증, 종양 등으로 뇌 내 압력이 높아지거나 기능상의 이상이 생겼을 때 발생할 수 있다.

유전적 소인도 존재하는데, 저먼 셰퍼드에서 꼬리를 쫓는 강박행동 장애가 유전적으로 발병할 수 있다고 보고된 적이 있다. 또한 노령성 및 퇴행성 변화로 인해 인지장애와 함께 나타날 수도 있다. 눈의 이상으로 앞이 잘 보이지 않거나 물체가 왜곡되어 보일 경우, 허공을 향해 짖거나 시야에 보이는 가상의 파리를 잡기 위해 입을 움직이는 등의 강박장애가 발생할 수 있다. 신체 일부를 수술적으로 절단했을 때 여전히 그 자리에 그 신체 부위가 있다고 생각하며 핥거나 불편해하는 행동을 보이는 경우도 있다.

환경적 원인

이차적으로는 적절한 자극이 없는 지루한 환경이 계속되는 경우를 꼽을 수 있다. 신체적으로 이상이 없는데 강박장애 증상을 보인다면 환경에 문제가 있다고 생각할 수 있다. 야생에서의 동물은 먹이를 찾고 천적을 피하는 등 지루할 틈이 없는 환경에서 생존을 위해 살아가게 된다. 반면 사육 상태의 동물은 그러한 활동을 하지 않아도 충분한 먹이와 안전을 보장받을 수 있지만, 그만큼 에너지를 발산할 만한 다른 활동들이 요구된다.

반려견 역시 보호자와의 교류, 놀이 활동, 산책 등으로 에너지를 발산할 만한 기회가 충분히 주어지지 않을 경우 강박장애가 발생할 가능성이 높아진다. 이는 동물원 등의 상황처럼 다른 모든 사육 동물에서도 마찬가지다.

한편 유기나 파양 등 갑작스러운 스트레스 상황에서도 일시적 혹은 장기적으로 강박장애가 나타날 수 있다.

강박장애의 치료 및 예방

신체적 문제가 있을 경우에는 적절한 의료 처치를 통해 일차적 원인을 제거해야 한다. 노령성/퇴행성 변화일 경우 약물뿐 아니라 다양한 보조제를 통해서 퇴행의 속도를 어느 정도 늦출 수 있다. 오메가 3 관련 제제나 항산화제 등이 노화를 늦출 수 있다는 보고가 있으나, 이는 퇴행의 진행을 늦출 수 있다는 정도의 의미이며 근본적인 해결은 어렵다. 약물 치료 역시 마찬가지다.

환경적 요인에도 신경 써야 한다. 다양한 놀잇감을 주고, 놀이 행동을 할 수 있는 환경을 적절히 조성하며, 충분히 산책을 시켜주는 등의 방법으로 에너지를 해소해 줘야 한다. 또 기본 교육을 통해 특정 행동에 대한 대체 행동을 제시해 줄 수 있다. 어떤 강박적 행동을 보일 때 간식 등으로

Doctor's Memo

혼자 사는 사람도 반려견을 기를 수 있을까?

반려견이 혼자 있는 상황을 교육하는 것이 중요하므로, 보호자가 어느 정도 시간을 함께할 수 있는가는 사실 중요한 문제가 아닐 수도 있다. 그러나 혼자 있는 시간이 지나치게 길어질 경우 개가 홀로 소화할 수 있는 시간 한도를 초과할 가능성이 높고, 그에 따라 남는 시간을 강박행동으로 채우게 될 수 있다.

보호자가 개와 함께하는 시간이 짧다고 해서 지나치게 죄책감을 가질 필요는 없다. 다만 그 함께하는 짧은 시간을 최대한 효율적으로 이용하여 개와 다양한 방식으로 놀아주고, 짧더라도 꾸준히 산책을 시켜줄 수 있어야 한다. 시간의 양 자체보다는 함께하는 시간을 얼마나 즐겁고 효율적으로 사용할 수 있는지가 관건이다.

유도하여 '앉아', '기다려' 등으로 특정 행동을 하게 하면 강박적 행동이 정지되는 효과가 있다(물론 뇌 자체의 문제로 강박행동이 야기될 경우에는 교육만으로 해결되기 어렵다). 유기나 파양 등 갑작스러운 스트레스 상황으로 인한 강박장애의 경우에는 스트레스 정도를 낮추는 다양한 약물과 보조제를 이용할 수 있다.

모든 행동 문제는 균형 잡힌 식단과 충분한 놀이 활동, 산책 등으로 적절히 생활 속에서 자극을 찾고 편안한 휴식을 취함으로써 예방할 수 있다. 강박장애 역시 신체적 문제에 원인이 있는 경우가 아니라면 같은 방법으로 어느 정도 예방이 가능하다.

07

새 식구 때문에 불안해하는 멍이, 어떻게 하면 좋을까요?

사람처럼 반려견도 새로운 환경에 대해 스트레스를 받는다.
그러므로 새 식구를 입양할 때
반려견의 성격 특성과 특이 사항 등을 면밀히 고려할 필요가 있다.

새 가족을 맞는 반려견의 마음

새로운 가족을 들인다는 것은 쉬운 일이 아니다. 반려견의 입장에서도 마찬가지다. 더욱이 반려견을 추가적으로 입양할 경우, 이는 기존 반려견의 동의를 얻어 이루어지는 것이 아닌 전적으로 사람의 결정에 의한 것이므로, 이때 기존의 반려견은 자신이 통제할 수 없는 새로운 상황에 노출된 것과 다름없다.

새로 들어오는 반려견의 입장에서도 마찬가지다. 이곳에 입양되겠다고 스스로 정하는 것이 아닌, 자신이 통제할 수 없는 불가항력적인 상황에 놓이게 된 것이다. 따라서 두 쪽 모두 스트레스를 받는 것은 당연한 일이다. 이들이 잘 적응할지, 아니면 싸움이 장기적이고 심각해져 둘 중 한 마리의 유기나 파양으로 이어질지는 사실상 두 마리 사이의 관계에 달려 있다.

반려견의 성향 파악하기

새로운 가족으로 만난 반려견들의 관계 형성에 사람이 개입할 수 있는 여지는 실질적으로 매우 적다. 그래서 파양이나 유기라는 나쁜 결과를 맞지 않기 위해서는 기존 반려견의 성향을 제대로 파악하는 것이 매우 중요하다.

반려견을 추가적으로 입양할 경우, 사람의 입장보다는 기존 반려견의 입장을 우선적으로 고려해야 한다. 성향상 혹은 사회화의 부족으로 인해 다른 개들을 별로 좋아하지 않거나 심지어 싫어하는 반려견을 키우고 있다면, 추가 입양은 가급적 하지 않는 것이 좋다. 아무리 긍정 강화 교육 등을 통해 새로운 반려견과 잘 지낼 수 있는 연습을 꾸준히 하더라도, 개의 기본 성향이나 어린 시절의 경험으로 인한 기억들을 바꾸기는 어렵기 때문이다. 사람이 볼 땐 두 마리가 잘 지내는 것처럼 보여도, 사실상 기존의 반려견이 이 불가항력적인 상황을 버티고 있을 뿐일 가능성이 높다.

이는 새로 입양할 반려견에 대해서도 마찬가지로 적용된다. 다른 개를 좋아하지 않거나 트라우마가 있는 경우라면, 기존의 반려견이 아무리 개들과 친화적이고 적응력이 좋은 개라고 하더라도 새로 온 반려견이 새 가족에 적응하기 어려울 가능성이 높다.

보호자는 소극적인 중재자

새로운 환경에 적응하지 못해 스트레스를 받을 경우 잦은 싸움이 발생하고, 이 싸움을 보호자가 제대로 중재하지 못하면 문제가 점점 심각해진다. 보호자는 두 쪽 모두에게 공평한 대접을 해주되, 개들 사이에 형성되는 서열을 관심을 가지고 지켜볼 뿐 가급적 개입하지 않아야 두 반려견 사이의 관계를 망치지 않을 수 있다. 개들끼리의 서열이 정해지는 경쟁 과정에 보호자가 개입할 경우 개들은 혼란을 느끼며, 특히 서열이 낮은 개가 보호자로부터 더 많은 보호와 관심을 받게 될 경우 서열이 높은 개의 지속적인 공격이 이어질 가능성이 높다.

둘 사이의 경쟁은 싸움이 일어나는 것으로 가장 잘 드러나지만, 이 외에도 마킹 행동이 증가하거나, 상대가 밥그릇이나 보호자에게 접근하는 것을 막아서거나 하는 등 소소한 행동 변화를 보이기도 한다. 보호자는 이러한 변화를 유심히 관찰하여 둘 사이의 관계 양상을 예측할 수 있다. 관계가 나빠진 것을 예측한 보호자는 소극적인 중재자로서의 역할에 더욱 유념해야 한다.

주의해야 할 관계

기존 반려견이 고령일 경우, 어린 반려견을 새로 들이는 것은 기존의 노령견에게 힘든 일일 수 있다. 고령견은 대부분 질병으로 인해 중점적으로 보호자의 관리를 받아야 한다. 또한 아무리 사회성이 좋았던 개라고 하더라도 어린 상대의 넘치는 에너지를 감당하기 어려울 수 있다.

보호자 역시 노령견의 활동성에 익숙해져 있다가 다시 에너지 넘치는 강아지를 돌보는 데 어려움을 느끼는 것이 대부분이다. 고령견의 병치레나 치매를 감당하면서 또한 어린 반려견을 돌보기에는 무리가 따르는 경우가 많다. 노령의 반려견이 떠났을 때의 슬픔을 일부 상쇄하기 위해 어린 반려견을 새로 입양하는 보호자가 많은데, 이러한 점을 미리 알아두고 입양을 준비하는 것이 좋다.

새 식구가 고양이라면?

개와 고양이는 사이가 좋지 않다는 통념이 있는데, 일부는 맞고 일부는 틀린 생각이라 할 수 있다. 어릴 때부터 함께 자라온 강아지와 고양이는 좋은 친구가 될 수 있는데, 이는 사회화기에 소통을 위해 새로운 커뮤니케이션 방식을 빠르게 습득하기 때문이다.

그러나 성견과 성묘의 경우 커뮤니케이션 방식을 새로 습득하는 데 보다 오랜 시간이 필요할 수 있다. 개가 활동성이 좋고 고양이를 쫓아 뛰어다니는 것을 좋아하는 성향이라면 고양이 입장에서는 스트레스를 받을 수 있으며, 개 역시 매번 고양이를 쫓아다니기 위해 불필요하게 많은 에너지를 소모할 가능성이 높다. 이럴 경우 고양이가 개를 피할 수 있도록 높은 캣타워 등을 준비하는 것이 좋다. 또한 고양이 사료나 변은 개에게는 흥미로운 식사거리로 여겨지는 경우가 많으므로, 가급적 고양이 밥그릇과 화장실은 개가 접근할 수 없는 곳에 두는 것이 좋다. 적응을 잘한다면 개와 고양이도 충분히 서로에게 좋은 친구가 될 수 있다.

08

유기견은 어떻게 돌봐주어야 하나요?

유기견에게는 파양·유기로 인한 트라우마가 있다.
보호자는 이러한 이력을 늘 염두에 두면서
트라우마를 해소할 수 있도록 꾸준히 도와주어야 한다.

유기견의 특징

유기견은 보통 일정 기간 이상 야외생활을 했기 때문에 실내생활에 대한 규칙이나 예절을 제대로 배우지 못했거나 잊었을 가능성이 있다. 화장실을 가리지 못하거나, 가구에 마킹을 하거나, 음식을 허겁지겁 과도하게 먹거나 하는 문제들이 흔히 발생한다. 무기력한 모습을 보이는 우울증이나 과도한 행동(hyperactivity)을 보이기도 한다.

학대나 파양에 대한 트라우마를 가지고 있는 유기견들도 있다. 이러한 유기견들은 특정한 사람이나 사물, 동물 등에 과도한 공포심을 보일 수 있고, 그 공포를 공격성으로 표출하여 자신을 지키려고 하는 수동적인 공격성이 흔

히 관찰된다. 또한 유기견에서 분리불안이 발생할 가능성이 더 높다는 연구 결과도 있다.

이 모든 가능성들은 일반 가정에서 반려견을 입양할 때도 동일하다. 어떤 경로로 개를 입양하든 간에 그 개의 이력을 최대한 자세히 알아보는 것이 필요하다.

유기견에 대한 편견

앞서 말한 유기견의 특징들 때문에 유기견에 대한 편견이 만들어지기도 한다. 심리적·성격적으로 다루기 어렵지 않을까, 가정에 잘 적응하지 못하지 않을까 하는 것들이다. 물론 개의 사회화기는 무척 중요하다. 대부분의 행동이 사회화기의 교육을 통해 형성되기 때문이다. 그러나 성견이 되었다고 해서 아무것도 배우지 못하는 것은 아니다. 개는 평생에 걸쳐서 학습이 가능한 동물이다. 이미 성견이 된 유기견이라 할지라도 보호자가 인내를 갖고 기다려 준다면 일반 반려견만큼 큰 무리 없이 적응할 수 있다.

유기견이 텃세로 힘들어한다면…

이미 반려견이 있는 가정에 유기견이 새로운 식구로 들어가는 일은 흔하다. 그러나 이 흔한 상황이 유기견에게도, 유기견을 맞는 반려견에게도 많은 스트레스를 준다. 원만한 합사가 이루어지면 가장 좋겠지만, 보통 집에서 외동으로 자란 반려견의 경우 다른 개의 존재에 스트레스를 받을 수 있다. 마찬가지로 새로 입양된 유기견 역시 새로운 환경에 처함에 따라 스트레스를 받게 된다.

천천히 합사시키기

이러한 스트레스를 완화하기 위해 합사는 시간을 두고서 천천히 이루어지는 것이 바람직하다. 입양 직후에는 서로를 인식할 수 있도록 냄새 등으로 먼저 접하게 하고, 공간은 울타리 등으로 격리해 서로를 볼 수는 있게 하되 밥이나 화장실은 분리해 주는 것이 좋다.

합사 후에는 보호자의 태도가 가장 중요하다. 보호자가 편애를 보이는 등 불공정한 태도를 취한다면 반려견끼리 싸움이 발생할 가능성이 높기 때문이다.

개입 최소화하기

반려견들 사이에 충돌이 발생했을 때에는 심하지 않은 경우라면 보호자가 개입하지 않는다. 싸움에 놀라 무의식적으로 누군가를 먼저 안아 올리거나 하면 문제가 더 커질 수도 있다. 반려견들을 분리시키고 흥분을 가라앉히는 수준으로 개입을 최소화하는 편이 바람직하다.

유기견에게 좋은 보호자가 되려면…

최근 유기견을 입양하는 것이 장려되는 사회적 분위기로 인해 많은 사람들이 유기견을 입양하고 있다. 소셜 미디어나 방송 등을 통해서도 유기견 입양의 긍정적인 면이 많이 부각되어 인식이 좋아진 편이다. 그러나 그 이면에는 보호자/가족의 꾸준한 애정이 뒷받침되어야 한다는 사실을 간과하고 있는 경우가 많다.

유기견들은 이미 '보호자/가족과의 헤어짐'이라는 심각한 트라우마를 겪었고, 이후에도 길을 떠돌며 굶주림에서부터 고의적인 학대, 사고 등에 이르기까지 다양한 부정적 경험을 통해 트라우마를 축적해 왔다. 따라서 유기견에게

좋은 보호자가 되기 위해서는 무엇보다 유기견이 안고 있는 문제를 적절히 해소해 주어야 한다.

'적절한' 애정 주기

예컨대 학대로 인한 트라우마가 있는 유기견의 경우, 입양 후 몇 달이 지나도 보호자/가족을 따르지 않고 구석에만 숨어 있기도 한다. 이에 대해 보호자가 무작정 숨어 있는 개를 끌어내 쓰다듬거나 안아주는 식으로 '애정'을 쏟는 경우가 있다. 이때 기본적으로 사람에 공포가 있는 개들은 스스로를 방어하기 위해 공격성을 보이기도 하는데, 보호자로서는 '애정을 주려 했을 뿐인데 개가 쓰다듬으려고만 하면 문다'는 식으로 받아들이기 쉽다.

그러나 이는 '적절한' 애정을 주지 못한 결과로 보아야 한다. 학대로 인한 트라우마가 있는 유기견의 입장에서 보호자의 행동이 어떤 식으로 비칠지 늘 염두에 두고, 애정을 줄 때도 개의 상황과 성격적 특성에 적합한 형태를 항상 고민해야 한다.

꾸준히 기다리기

개는 사람처럼 의사소통을 할 수 없기 때문에 '적절한' 애정을 대번 알아차리기는 어렵다. 최선의 방법은 꾸준히 기다려 주는 것이다. 즉 개가 먼저 그 보호자와 가족에 신뢰를 가지고 다가올 때까지 차분한 태도로 기다려 주는 것이다. 구석에 숨어 있다고 해서 무작정 끌어내지 말고 여유 있게 변화를 기다려야 한다.

개가 싫어하고 무서워하는 행동은 부득이한 상황(예: 병원 진료)이 아니고서는 가급적 피해야 한다. 개가 경계심을 느끼지 않을 정도의 거리를 둔 장소에 많은 시간 머물며 상냥한 목소리로 말을 걸어 주고, 가끔 작은 간식 등을 근처에 던져 주는 정도가 좋다. 적절한 교육과 보상을 통해 다양한 상황에 대한 공포와 긴장을 관리해 줄 수 있다면 더할 나위가 없다.

09

우리 멍이에게도 치매가 올까요?

개의 치매도 사람의 치매와 같이
완치가 불가능하므로 예방이 중요하다.
치매 예방법은 대부분의 다른 행동 문제 예방법과 겹치므로
이를 참고한다.

개의 치매

사람과 마찬가지로 개도 나이가 들면 자연스럽게 뇌 기능이 퇴행한다. MRI상에서 사람에서의 노인과 마찬가지로 뇌실의 크기가 증가하고 뇌의 부피는 작아진다는 연구 결과들이 있다. 또한 퇴행성으로 다양한 뇌 호르몬들이 균형 있게 조절되지 않는 문제가 발생하기도 한다. 이러한 뇌의 변화로 개도 사람처럼 치매를 앓게 되는 경우가 있다.

치매 증상

식욕이 늘거나 줄고 활동성이 전체적으로 줄어드는데, 밤에 깨어서 돌아다니는 경우가 늘어난다. 벽이나 허공을 가만히 응시하거나 아무 이유 없이 짖기도 한다. 자신의 발이나 바닥, 보호자의 손, 천 등을 집착적으로 핥거나, 한자리에서 빙글빙글 돌거나, 같은 동선으로 왔다갔다 하는 행동을 보일 수 있다. 기억력 역시 감퇴하여, 화장실을 찾지 못해 배변 실수를 하거나 매일 산책 다니는 길을 낯설어하기도 한다. 잘 알아듣던 지시어들을 알아듣지 못하고, 보호자를 알아보지 못하는 경우도 있다. 참을성이 줄어들고 공격성이나 공포 반응이 증가하기도 한다. 이에 따라 천둥번개 공포증이나 분리불안이 새롭게 생기기도 하며, 잘하던 귀 청소나 목욕을 참지 못하고 공격성을 보이는 경우도 있다.

치매의 원인 및 진단

치매는 뇌의 퇴행성 변화로 발생한다. 뇌의 퇴행성 변화가 확인되면 치매로 확진하는데, 노령견(보통 7년령 이상)의 경우에는 MRI 등의 진단 없이 치매에 해당되는 행동 변화만으로 치매 진단을 내리기도 한다.

반면 뇌의 퇴행성 변화가 아니지만 치매 증상과 유사한 증상을 나타내는 경우도 있다. 즉 치매가 아니지만 치매처럼 보이는 경우이다. 예컨대 질병으로 인한 호르몬/체액의 전반적인 불균형으로 운동 능력이 저하되거나 성격이 변화될 수 있다. 시력이 저하되어 보호자를 잘 알아보지 못하거나 길을 잘 찾지 못할 수도 있다. 비교적 어린 개에서 이러한 행동 변화가 나타난다면 치매가 아닌 신체적 질병으로 인한 문제일 확률이 높으므로 전반적으로 신체검사를 해보는 것이 좋다.

노령견은 치매를 제외하고도 모든 노령성 질환에 취약할 수밖에 없으므로 정기적으로 건강검진을 해야 한다. 신체검사/건강검진이 적절히 이루어지고 그 결과가 양호함에도 해당 증상이 나타나는 경우는 치매로 간주할 수 있다.

이처럼 특정 증상을 나타내는 변화가 곧바로 치매를 의미하지는 않는다. 하지만 치매일 가능성을 선불리 배제할 수도 없다. 예컨대 관절염으로 다리를 움직일 때 공격성을 보이고 화장실까지 잘 가지 못해 배변 문제가 생기는 경

우, 관절염과 뇌의 퇴행성 변화가 동시에 원인으로 작용하는 것일 수도 있다.

치매 치료법

사람에서처럼 개에서도 치매는 노령성 변화로 퇴행되어 나타나는 것이기 때문에 치료는 불가능하고, 단지 퇴행의 속도를 늦추기 위해 보호자와 개의 삶의 질을 유지하는 선에서 잘 관리할 수 있을 뿐이다. 오메가 3나 항산화제 등이

뇌의 퇴행성 변화를 일부 늦출 수 있다는 보고가 있는데, 심장이나 피부, 그 외 다른 장기들의 노화 속도도 낮출 수 있다는 보고들이 있으므로 꾸준히 급여해 주는 것이 좋다.

증세가 점점 악화되는 것처럼 보인다면 수의사와 상담한 후 약물 치료를 할 수 있는데, 이 역시 근본적인 치료일 수는 없으며 단지 진행 속도를 늦출 뿐이다.

치매 예방법

개를 항상 활기 있게 유지시켜 주는 것이 모든 행동 문제의 예방과 해결에 중요하며, 치매 역시 마찬가지다.

치매 예방을 위해 노인들이 화투를 친다는 우스갯소리가 있는 것처럼, 개도 다양하고 재미있는 놀잇거리를 제공받고 충분한 산책과 운동으로 에너지를 발산할 수 있는 기회를 가져야 한다. "앉아", "손" 등 기본 교육 역시 보호자와 함께하는 놀이의 일종으로서 꾸준히 해주는 것이 좋다.

이러한 활동 사이에 충분하고 질 좋은 휴식을 취할 수 있도록 해주는 것 역시 중요하다. 자신만의 푹신하고 안전한 공간에서 충분히 쉬고 혼자 시간을 보내게 하는 것이다.

10

Q & A
반려견 심리에 대한 궁금증 31가지

Q 반려견의 마음은 어떻게 알 수 있나?

A 동물은 말을 하지 못하므로 겉으로 보이는 행동 변화를 통해서만 문제를 그나마 간접적으로 확인할 수 있다. 따라서 보호자가 반려견의 행동이나 표정 등을 잘 살펴보고 원하는 것이 무엇인지 알아내야 한다. 위험 신호를 나타내는 행동으로 꼭 알아야 할 '이상행동'의 예를 몇 개 들면, 갑자기 고양이처럼 등을 굽히는 행동을 계속한다면 이는 몸의 중앙 부위 통증을 완화시키기 위해 일부러 몸을 위축시키는 행동을 하는 것으로 볼 수 있다. 속이 불편해 일시적으로 그러는 경우도 있지만 심각한 문제일 수도 있으므로, 증상이 지속되거나 악화되는 경우 진료를 받는 것이 좋다. 한편 심하게 꼬리 끝을 잡아 물어 상처를 내는 행

동을 하거나 텅 빈 공간에서 짖거나 왔다갔다 하는 등 불안 증세를 보인다면, 이러한 행동은 강박 신경증세일 수 있다.

Q 서열 문제로 사람에게 공격성을 보일 수도 있나?

A 서열 문제로 사람을 대상으로 공격성을 보이는 경우는 극소수이며, 반려견이 공격성을 보이는 경우는 보통 공포에 의한 것이 대부분이다.

Q 병원 가는 것을 너무 싫어하는 경우 어떻게 해야 하나?

A 병원에서의 기억이 부정적으로 형성되는 경우가 많으므로 대부분의 개들은 병원에 가는 것을 싫어한다. 기본 접종에서부터 시작해 병원은 개에게 고통을 주는 장소로 인식되기 쉽기 때문이다. 병원 특유의 낯선 냄새와 낯선 사람들이 몸을 만지는 상황 역시 개에게 스트레스로 작용한다. 이러한 경우 병원에 가는 일 자체를 긍정적인 경험으로 바꿔줄 필요가 있다. 진료를 받지 않을 때에도 개와 함께 병원에 들러 사료나 간식을 사는 것도 좋은 방법이다. 병원에서 간식을 먹고 진료 이외에 다른 사람들과 긍정적인 교류를 할 수 있는 기회를 꾸준히 주는 것이 좋다.

Q 어미나 동료를 떠나보낼 경우 개도 사별의 아픔을 느끼나?

A 동물이 죽음을 인식한다는 뚜렷한 연구는 없으나, 가족의 일원이 사라지는 것에 대한 상실감을 느끼는 것으로 알려져 있다. 따라서 사별로 인해 어떤 개들은 식욕이 감소하고 무기력한 우울증을 겪기도 한다.

Q 주인이 있을 때 유난히 물어뜯고 짖는 것은 무엇 때문인가?

A 주인이 없을 때 같은 행동 문제를 보인다면 분리불안일 가능성을 고려해야 한다. 하지만 보호자가 있을 때 유독 심해진다면 관심을 끌려는 행동일 가능성이 높다. 즉 보호자의 관심을 끌기 위해서 다양한 행동들을 해 효과가 있었던 것들이 학습되면서 그 행동이 점점 굳어지게 된 것이다. 보호자가 원하지 않는 행동으로 개가 보호자의 관심을 끌려고 한다면 그 행동에 대한 보상, 즉 관심을 끊고 무관심으로 일관한다.

Q 차만 타면 불안 증상을 느끼는 이유는 무엇일까?

A 차에 타는 것을 연습하지 않은 개들은 멀미로 구토를 하고 경미할 경우라도 침을 흘리거나 불안해하는 것이 대부분이다. 이는 차의 진동과 냄새 등이 개에게 익숙하지

않기 때문이다. 따라서 어릴 때부터 꾸준히 연습하는 것이 필요하다. 집에서부터 카시트나 크레이트 등에서 편안하게 있을 수 있도록 연습시킨 후 차에서 머무는 시간을 늘려가는 것이 좋다.

Q 자신의 변을 먹는 강아지가 있는데, 왜 그럴까?

A 변을 먹는 것을 두고 '식분증'이라고 한다. 식분증에는 여러 가지 원인이 있다. 소화기계에 문제가 있는 경우 소화가 덜 된 변을 먹을 수 있다. 화장실이 더러울 경우에도 변을 먹을 수 있다. 가지고 놀 것이 충분하지 않을 경우에도 변에 흥미를 보일 수 있다. 행동학적 문제라 여겨지는 경우로는, 화장실 교육 중 보호자에게 많이 혼이 난 경험이 있을 때 배변 자체에 대해 벌을 받은 것이라 여겨 변을 먹거나 숨기거나 할 수 있다. 또한 좁은 실내공간에서 어린 시절을 보냈을 경우(펫숍에서 분양하는 강아지가 대표적), 자는 곳과 배변하는 곳과 먹는 곳이 섞여 있어 그 장소들을 구분하는 법을 배우지 못해 변을 먹는 행동을 보일 수 있다. 그 외 불안과 긴장 상태가 지속되는 생활 환경(반려동물 여러 마리가 화장실을 공유하는 환경, 가족 구성원이 자주 변하는 환경 등)에 있는 개들이 식분증을 보이기도 한다.

개선을 위한 최선의 방법은 배변을 바로 치워주는 것이다. 또한 다른 건강상의 문제가 없는지 반드시 동물병원을 통해 확인한다.

Q 밤에 하울링을 하듯 우는 이유는 무엇일까?

A 어린 강아지가 밤에 우는 것은 보통 관심을 요구하는 행동인 경우가 많다. 특히 입양 후 얼마 되지 않았을 때라면 보호자로 하여금 자기를 침대에 올려달라거나 보호자와 같은 방에서 자게 해달라고 하는 경우가 대부분이다.

이 행동에 대해 보호자가 강아지가 원하는 대로의 관심으로 보상을 해줄 경우, 강아지는 그 잘못된 행동으로 보호자에게 요구했을 때 효과가 있었다는 것을 배우게 된다. 따라서 침대에 올려줄 생각이 없거나 방에 들어오게 해줄 생각이 없다면 처음부터 무시하는 것이 좋다. 그러면 강아지는 그 행동으로는 원하는 보상을 받을 수 없다는 사실을 배우게 된다.

Q 지정된 배변 장소에 배변을 하지 않고 아무데나 한다면?

A 일차적으로는 질병을 원인으로 생각해 볼 수 있다. 대표적으로 쿠싱(여러 가지 원인으로 인해 혈중 스테로이드 호르

몬이 증가하는 질병)이나 당뇨 등 소변 양이 늘어나는 질병이 있으면 늘어난 배뇨량을 감당하지 못해 화장실을 가리지 못하는 경우가 발생한다. 요로계·비뇨계 질병 역시 소변을 가리지 못하게 할 수 있는 질병들이다. 또한 노령성·퇴행성 변화로 화장실을 가리지 못하게 되는 경우도 많다.

의학적 문제가 배제되었을 경우라면 행동학적 원인을 생각해 보아야 한다. 기본적으로 개는 자는 곳과 먹는 곳과 배변하는 곳을 구분하려고 하는 습성이 있지만, 야외생활을 하는 경우 특별히 배변 장소를 가리지 않는다. 그래서 배변을 실내 특정 장소에서 하도록 하는 교육은 난이도 높다. 하지만 개는 학습이 가능한 동물인 만큼, 지정된 장소에 배변을 할 경우 적절한 보상을 받는다는 사실을 충분히 인지할 수 있다. 따라서 개체별로 차이는 있지만 대부분 늦어도 생후 1년 내에는 어느 정도 대소변을 가릴 수 있게 된다.

어린 강아지의 경우에는 대소변을 참을 수 있는 시간이 더 한정되어 있으므로 화장실까지 가는 시간이 길어지면 아무 곳에나 배변하는 것처럼 보일 수 있으나, 이는 정상으로 간주한다.

Q 배변 교육을 했는데도 오줌을 잘 지리는 이유는?

A 일차적으로는 건강 문제를 고려해야 한다. 특히 소변을 찔끔찔끔 싸는 경우라면 방광염이나 결석 등 요로계 질병을 의심해 볼 수 있다.

다리를 들고 벽이나 기둥 같은 수직의 경계에 싸는 경우라면 마킹 행동이라고 볼 수 있다. 이는 정상행동이기 때문에 교정하기가 어렵다. 그러나 복잡한 환경 등 밀집에 대한 스트레스로 보이는 반응일 수도 있으므로 환경 변화가 우선되어야 한다. 중성화로 어느 정도 마킹 행동을 방지할 수는 있으나, 완벽한 교정은 어려우므로 수컷용 마킹 방지 기저귀를 채울 수 있다.

보호자가 왔을 때 흥분하며 오줌을 지리는 경우도 많다. '희뇨증'이라고 하는데, 이는 보통 불안이 높은 개들에서 보일 수 있다. 희뇨증을 해결하고자 한다면 반려견의 흥분이 가라앉을 때까지 시선을 마주치거나 신체적으로 접촉하는 일을 자제한다. 이런 반려견의 경우 흥분이 가라앉기 전 보호자가 쓰다듬는 순간 오줌을 지리는 것이 대부분이다.

Q 큰 소리 공포증이 있는데, 어떻게 개선할 수 있을까?

A 익숙하지 않은 큰 소리에 반려견이 공포를 느끼는 것은 당연한 일이다. 하지만 통상적으로 일어날 수 있는 소음(초인종 소리, 청소기 소리, 불꽃놀이 소리, 천둥소리 등)이라면 그 소리가 무서운 것이 아니라는 사실을 가르쳐 줄 필요가 있다. 작은 소리에서부터 시작해 점점 큰 소리로 늘려가며 소리를 들려 주는 연습을 매일 꾸준히 해주고, 그 소리가 들릴 때마다 간식을 주는 등으로 좋은 기억을 만들어 주면 개선될 수 있다.

Q 아이가 반려견을 조금 세게 만지는데, 문제가 없을까?

A 어린아이들은 행동에 통일성이 없고 정돈되지 않은 움직임을 보이기 때문에 개의 입장에서 상당히 자극적으로 느껴질 수 있다. 게다가 어린아이들은 개를 다루는 방법을 모르기 때문에 무조건 만지려고 하거나 안으려고 하는 경우가 많다. 또한 개의 입장에서는 때리는 것으로 인식될 정도로 힘 조절을 하지 못한다. 따라서 어린아이들에게는 개를 만났을 때 가급적 그 앞에서 큰 동작으로 개를 놀라게 하는 등의 행동을 하지 못하게 해야 한다. 최근 어린아이들 사이에서 유행하는 킥보드나 바퀴 달린 운동화

등은 특히 개를 자극할 수 있다. 자칫하면 큰 사고로 이어질 수 있기 때문에 각별히 유의한다.

Q 흔히 개는 꼬리로 자신의 감정을 나타낸다고 하는데, 꼬리를 보고 어떻게 감정을 파악할 수 있나?

A 꼬리만으로 개의 감정을 파악하는 것은 섣부른 판단이다. 꼬리뿐 아니라 다른 신체 부위로 표현되는 언어들을 종합하여 개의 감정을 파악해야 한다. 보통 꼬리를 흔드는 것은 반가움의 신호로 생각되지만, 공격 직전이나 긴장 상태에서도 꼬리를 들고 천천히 흔들기도 한다. 꼬리를 내리고 있는 것은 편안한 상태를 나타낼 수도 있으나, 꼬리를 내려 복종적인 의미를 보이는 때도 있다. 한편 꼬리를 쳐드는 것은 보통 개들 사이에서는 도전적인 의미로 받아들여진다.

Q 강아지가 보호자의 입을 핥는 이유는 무엇인가?

A 개과의 어린 동물들은 부모 동물의 입을 핥는 것으로 먹이를 요구하며, 이에 부모 동물은 음식을 토해 주거나 하는 식으로 먹이를 공급한다. 이 행동이 성견이 되어서까지 남아 보호자에게 애정을 요구하는 행동으로 발전

한 것이다. 그러므로 보호자의 입을 핥는 강아지의 행동은 정상행동이다. 보호자가 원하지 않는다면 그 행동을 할 때마다 강아지를 피하면 된다.

Q 개가 사람의 발이나 바지를 물고 당기는 것은 어떤 의미인가?

A 어린 강아지의 시각에서, 눈높이에서 빠르게 움직이는 물건은 상당히 자극적이며 흥미로운 놀잇감으로 여겨질 수 있다. 그것이 가정에서는 사람의 손과 발이 되는 경우가 많다. 그러나 어린 강아지 시절부터 손과 발을 무는 행동이 놀이로 학습되면, 성견이 되어서도 손과 발을 물면서 놀게 된다. 따라서 어린 강아지가 손이나 발을 물 경우 크게 소리를 쳐서 행동을 중단시키거나, 움직이지 않아 재미라는 보상을 제거하거나, 뿌리쳐 거절의 의사를 확실히 표현함으로써 손과 발을 가지고 노는 것을 방지해야 한다. 이때 손으로만 강아지를 뿌리치는 행동은 강아지에게 또 다른 놀이 행위로 인식되는 경우가 많으므로, 어깨 등을 이용해 몸 전체로 뿌리치는 것이 보다 효과적이다.

Q 가족의 물건을 감추거나 자기가 좋아하는 곳으로 가져다 놓는 등 물건을 소유하려는 행동은 무엇을 의미하나?

A 강아지들이 흥미를 가지는 사람의 물건은 보통 양말이나 속옷이다. 왜 그런지는 명확히 밝혀지지 않았으나, 크기가 작은 데다가 체취가 뚜렷하게 묻어 있기 때문이라 여겨진다. 이때 물건을 뺏으려고 쫓아가는 행동은 강아지들에게는 놀이 행동으로 인식되며, 소유욕을 높이는 결과를 초래할 수 있다. 성견이 되어서도 이 행동이 굳어질 경우 물건을 뺏으려 할 때 으르렁거린다든지 하는 식으로 행동 문제를 보일 수도 있다. 따라서 물건들을 물고 달아날 때 반응하지 않은 채 내버려두고, 강아지가 관심이 없어졌을 때 조용히 제거하는 것으로 그 행동에 대한 흥미를 점차적으로 떨어뜨리는 방법이 좋다. 혹은 물건과 간식을 교환하는 방식으로 물건을 내려놓도록 가르칠 수 있다.

Q 만지는 걸 너무 싫어하는데, 무엇이 문제일까?

A 사람의 손길에 익숙한 것이 개의 본성이라고 말하기는 어렵다. 강아지 시절 사람과 긍정적인 관계를 형성하지 못한 개들은 대부분 사람이 쓰다듬는 것을 애정의 표현으로 인식하지 않고 별로 선호하지 않는다. 따라서 어린 시

절부터 사람의 손길이나 케어를 긍정적인 경험으로 인식할 수 있도록 하는 것이 필요하다.

Q 산책만 하려면 주저앉아 버리는데, 왜일까?

A 여러 가지 원인이 있다. 흥미로운 대상(다른 사람, 다른 개 등)을 봤을 때 놀이 행동의 일종으로 엎드리는 개들이 있다. 또는 그 공간을 떠나고 싶지 않음을 보호자에게 어필하는 행동일 수도 있다. 관절 등의 문제로 몸이 불편하여 주저앉는 경우도 있을 것이다.

놀이 행동일 경우 사람이 등을 보이며 개에게서 멀어지거나 간식을 통해 개가 자발적으로 보호자를 따라오도록 유도할 수 있다. 몸이 불편한 경우에는 동물병원에서 관련 문제를 확인하는 것이 좋다.

Q 목줄을 심하게 싫어하는데, 무엇이 문제일까?

A 어린 시절 목줄에 익숙하게 해주지 않으면 대부분의 개들이 목줄을 불편한 것으로 인식한다. 따라서 사회화기를 포함한 어린 시절에 목줄과 하네스 등에 익숙하도록 해주는 것이 필요하다. 성견이 된 후에 적응하게 할 때는 둘레가 넓어 불편하지 않을 정도의 목줄을 이용하고 간식을

활용해 천천히 그 감촉에 익숙하게 해주는 것이 좋다.

Q 필요 이상으로 좋아 날뛰는 강아지, 특별히 문제가 될까?

A 좋아 날뛰는 것은 어린 강아지에게는 아주 정상적인 행동이다. 조증을 걱정하는 사람들도 있는데, 조증은 사람의 입장에서 지칭하는 말이다.

흥분이 과도할 때 그 흥분을 대체할 만한 기본 행동을 평소에 익혀두면 어느 정도 도움이 된다. 또한 흥분에 대한 보상, 즉 쓰다듬어 주거나 눈을 마주치는 등의 보상으로 인식될 수 있는 행동을 삼가고 반응을 보이지 않은 채 가만히 서 있는 등 명확한 거절 의사를 표하는 것이 좋다.

Q 중성화 수술 후에 나타날 수 있는 심리 문제에는 무엇이 있나?

A 중성화 수술 후에 나타날 수 있는 심리 문제와 관련하여 알려진 바는 특별히 없다. 대부분의 건강한 개들은 중성화 수술 후 금방 회복하여 이전과 다를 바 없는 정상적인 생활을 이어갈 수 있다.

Q 상상임신에 따른 심리 문제에는 어떤 것이 있나?

A 상상임신은 생식 호르몬의 교란으로 일어나는 신체

적·정신적 문제 모두를 포함한다. 신체적으로는 유즙이 분비될 수 있고, 정신적·심리적으로는 인형 등을 돌보거나 그에 집착하는 등의 변화가 나타날 수 있다. 상상임신에 따른 여러 문제를 피하기 위해서는 중성화가 최우선적으로 고려되어야 한다.

Q 형제끼리 싸우는 개들, 특별한 원인이 있나?

A 동물은 사람과 다르게 서로를 부모나 형제, 즉 가족으로 인식하기보다는 단지 동거하는 다른 동물로 인식하는 것이 보통이다. 따라서 형제끼리 유독 싸우는 것이 아니라, 단지 그 동물과 사이가 좋지 않아 싸우는 것이다. 가족 개념은 사람에게 중요할 뿐, 동물 특히 개의 사회에서는 그다지 큰 영향력이 없다.

개들의 사이가 좋지 않을 경우, 일단 둘을 분리하는 것이 우선적인 해결책이다. 같은 공간에서 함께 지내길 원할 경우, 함께 있는 시간을 점점 늘려가면서 그 시간에 간식을 함께 먹는다든지 놀이를 한다든지 어떤 식이든 긍정적인 경험이 수반되게 하는 연습이 오랜 기간 필요하며, 경우에 따라 약물 치료가 필요할 수도 있다.

Q 한 가지 물건에 집착하는 이유는?

A 특정 물건에 집착을 보이는 것은 대부분 그 물건 자체에 대한 소유욕에 의한 것이라기보다는 그 물건에 집착했을 때 보호자가 보이는 반응에 의한 경우가 많다. 어떤 물건을 보호자가 뺏으려고 쫓거나 소리를 지르거나 하는 모든 행동이 개에게는 흥미로운 반응으로 여겨지며, 그 물건을 차지하는 것을 새로운 놀이 활동으로 인식하고 그것이 점차 습관화된다.

따라서 어떤 물건에 집착할 경우, 그 집착으로 인한 보상 즉 관심을 거두어야 한다. 쫓아가서 뺏으려고 하거나 소리를 치는 대신 무관심으로 일관하고, 개가 관심이 없어졌을 때 몰래 그 물건을 제거하는 것이 개와 사람 모두에게 안전한 방법이다. 집착하는 물건을 사람이 뺏으려고 할 때, 개가 그 물건을 급하게 집어먹거나 뺏기지 않기 위해 공격성을 보이는 경우가 종종 발생하기 때문이다.

Q 배를 보이는 것은 어떤 의미인가?

A 일반적인 경우 배를 드러내는 것은 자신이 상대를 공격할 의사가 없다는 의미의 행동에 가깝다. 그러나 보호자, 사람과의 유대감이 형성되고 그 행동으로 인해 사랑과

관심, 즉 쓰다듬을 받거나 하는 등의 보상을 받아왔던 개들의 경우 배를 보이는 것은 그 개가 애정을 드러내는 하나의 보디랭귀지로 받아들여도 무방하다.

Q 강아지가 하품을 하는데, 다른 이유가 있나?

A 하품은 개가 실제로 졸리거나 혹은 어떤 상황을 회피하고 싶을 때 보이는 행동 중 하나다. 보호자가 개를 혼낼 때 개가 하품을 하며 시선을 회피하는 행동을 하는 경우, 그것은 이 상황이 긴장되고 불안하여 피하고 싶다는 의사를 표출하는 것이다.

Q 보호자의 몸에 엉덩이를 가까이 대는데, 왜 그럴까?

A 신체적 접촉은 사람과 마찬가지로 동물에게도 보통 애정 행동이다. 따라서 등이나 엉덩이를 사람에게 붙이고 앉아 있거나 무릎에 앉아 있거나 하는 등의 행동들은 보호자에 대한 애정 행동에 가깝다. 혹은 낯선 환경에서 보호자밖에 의지할 수 있는 대상이 없을 때, 많은 개들이 다리에 등을 붙이거나 하는 식으로 보호자와의 신체 접촉을 시도하여 불안을 해소하려고 한다. 동물병원 로비에서도 흔하게 볼 수 있는 행동이다.

Q 보호자에게 올라타려는(마운팅을 하려는) 강아지는 어떻게 해야 할까?

A 보호자에게 올라타려는 행동은 놀이 행동의 일종일 때가 많으며, 비정상 행동이라기보다는 보호자가 원하지 않는 행동에 가깝다.

어떤 행동을 멈추게 하고 싶을 때는 그 행동으로 인해 얻을 수 있는 보상을 하지 않고 거절의 의사를 표현하는 것이 좋다. 따라서 소리를 치거나 손으로 밀치려고 허우적거리는 등 개가 신나 하는 행동들 대신, 몸으로 밀치거나 몸의 방향을 돌리는 행동 등으로 거절하는 것이 좋다. 불안을 마운팅으로 표현하는 경우도 있는데, 불안의 원인을 파악해 이를 해결해 주어야 한다.

Q 족발 뼈다귀를 던져주면 다 먹고 나서 특정 장소에 숨기는 버릇이 있는데…

A 땅을 파거나 파서 숨기는 행동은 선조들로부터 이어져 내려오는 정상행동이다. 따라서 문제행동이라고 할 수 없으며, 교정하지 않아도 된다.

Q 낯선 사람의 다리 냄새를 맡는 버릇이 있는데, 이유가 뭘까?

A 개들에게 후각 정보는 중요하다. 특히 개들은 낯선 상대를 만나면 상대를 파악하기 위해 어떻게든 정보를 최대한 가져오려고 하는 경향이 있다. 개의 입장에서 사람의 다리나 발은 신체 말단부로 높이상 닿기가 용이하고, 비교적 안전하다고 생각되며, 체취가 있는 편이라 상당히 많은 정보를 얻을 수 있는 신체 부위로 받아들여진다. 이는 정상행동으로 딱히 교정할 필요가 없다.

Q 개들도 질투를 하나?

A 보호자가 보기에 다른 개를 예뻐해줬을 때 그 사이에 끼어들어 자신이 쓰다듬을 받으려 한다거나 하는 모습을 '질투한다'고 느낄 수는 있다. 최근 연구들에서는 개도 질투를 한다는 근거들이 일부 제시되고 있기도 하다. 하지만 그것을 사람이 느끼는 질투와 같은 것이라 명시하기는 어렵다.